NEFERTITI

La reina de la luz

Por Mylène Théliol
Traducido por Elena Muñoz Galvez

Historia en50MINUTOS.es

NEFERTITI

- **¿Nacimiento?** C. 1370 a. C. en Tebas (Egipto).
- **¿Muerte?** C. 1338-1333 a. C. en Egipto.
- **¿Función?** Gran Esposa Real del faraón Amenhotep IV o Amenofis IV (forma helenizada), convertido posteriormente en Akhenatón (c. 1372-1337/1336 a. C.).
- **¿Principales aportaciones?** Apoya a Akhenatón durante la instauración del culto monoteísta al dios Atón.

Nefertiti es una de las últimas reinas de la dinastía XVIII. Junto con Cleopatra, es una de las reinas del Antiguo Egipto más conocidas del mundo por su belleza. Esta belleza queda acreditada por el busto en piedra caliza descubierto en 1912 por un equipo de arqueólogos alemanes, dirigidos por Ludwig Borchardt (1863-1938), en Amarna (la antigua Akhetatón, la capital egipcia construida durante el reinado de Akhenatón). La estatua, actualmente conservada en el Neues Museum de Berlín, nos muestra un rostro delicado y simétrico de pómulos elevados, nariz fina y labios rosa oscuro. Esta fisionomía, la más famosa del mundo tras la de la Gioconda, se ha convertido incluso en el arquetipo de la belleza femenina.

Busto de Nefertiti en el Neues Museum de Berín.

Aunque los rasgos físicos de Nefertiti son conocidos, no sucede lo mismo con los acontecimientos que marcaron su vida. Las fuentes gráficas (tablillas de barro escritas) e iconográficas (pinturas y grabados sobre piedra descubiertos en templos y tumbas) solo nos permiten rastrear en parte el periodo en el que vivió Nefertiti y emitir tan solo hipótesis sobre su lugar en el nuevo culto religioso dedicado a Atón. La vida de esta reina egipcia está rodeada de un aura de misterio; se desconocen todavía muchos pasajes de su existencia, sobre todo su ascendencia, su infancia y su muerte.

BIOGRAFÍA

UNA ASCENDENCIA ENIGMÁTICA

Nefertiti, cuyo nombre significa «la bella ha llegado», nace en Tebas en torno al 1370 a. C., en el seno de una familia de altos dignatarios egipcios. Es probable que sea hija de Ay, jefe de los carros de guerra reales (es decir, general de los ejércitos), profeta de Amón, escriba legal durante el reinado de Amenofis III (c. 1403/1353-1352 a. C.) y hermano de la reina Tey (c. 1398/1399-1358 a. C.), Gran Esposa Real de Amenofis III. Su madre, cuyo nombre se desconoce, habría fallecido justo después de su nacimiento. Tey, segunda esposa de Ay y con quien tendrá otros dos hijos, Najtmin y Mutnedymet, se hace cargo de Nefertiti. No se conoce nada sobre la primera infancia de Nefertiti pero, en la medida en que pertenece a la élite social, la niña probablemente aprende a leer y escribir con un tutor.

LA GRAN ESPOSA REAL

Ninguna fuente escrita o iconográfica da fe de la fecha en la que Nefertiti se casa con el segundo hijo de Amenofis III y de Tey, el futuro Amenhotep IV. Este último accede al trono en torno al 1352 a. C., tras la muerte de su padre, y Nefertiti se convierte así en la Gran Esposa Real. Aunque el faraón prefiere a Kiya, en su calidad de Grande Esposa Real, Nefertiti es la única que puede concebir al futuro heredero al trono. Por desgracia, este no llegará nunca.

Estatua en piedra caliza que representa a Nefertiti y a Amenhotep.

Durante los años de vida en común con su esposo, la reina trae al mundo a seis niñas: Meritatón (c. 1350-1332 a. C.), Meketatón (c. 1349-1339 a. C.), Anjesenamón (nacida en torno al 1346 a. C.), Neferneferuatón-Tasherit (c. 1344-1338 a. C.), Neferneferura (c. 1341-1338 a. C.) y Setepenra (nacida en torno al 1343/1342 a. C.). Las tres primeras vienen al mundo en Tebas mientras que las últimas nacen en Akhetatón, la nueva capital. Las hijas se sitúan al lado de sus padres en numerosas representaciones familiares, que reemplazan progresivamente a las escenas religiosas tradiciones —en las que aparecen dioses y diosas— de los templos y las tumbas de los aristócratas. Debido a su función de reina y a su papel en el nuevo culto de Atón, Nefertiti no tiene tiempo de ocuparse de su descendencia. Las seis hijas son puestas al cuidado de nodrizas y tutores.

EL PAPEL DE LA REINA EN EL CULTO DE ATÓN

La actividad oficial de Nefertiti consiste en asistir al faraón en las manifestaciones religiosas y en la práctica del culto de Amón, deidad solar y guerrera y protector de la dinastía XVIII, y después del culto de Atón, representado en forma de disco solar y que encarna al dios creador universal.

Con la implantación de este nuevo culto durante el cuarto año del reinado de Amenhotep IV, los nombres de los soberanos cambian: el faraón se convierte en Akhenatón y Nefertiti en Neferneferuatón Nefertiti. Así, la reina se involucra junto con su marido en una reforma religiosa radical y, hasta su muerte, participa a su lado en todas las ceremonias oficiales en honor a Atón. Además, a menudo se representa a la pareja real en estelas o pinturas situadas en las tumbas de los aristócratas y que honran al nuevo dios, representado en forma de disco solar alado. Al contrario de lo que sucede en la tradición egipcia, no se estilizan los cuerpos de los soberanos, sino que se acentúan sus formas.

Así, los torsos se estiran a partir del ombligo; los estómagos son más prominentes y los senos más voluminosos; las piernas son más cortas y gruesas; los dedos se alargan, lo que permite a la pareja real realizar gestos amables; y las posturas son más lánguidas. En los retratos de Nefertiti, esta conserva una cintura fina, pero su abdomen se redondea, sus caderas son amplias y sus nalgas carnosas. Estas representaciones tienen por objetivo destacar su fecundidad, ya que Nefertiti encarna el elemento femenino de la tríada divina que forma junto con Atón y Akhenatón.

Akhenatón y su familia realizan una ofrenda a Atón.

LA DESAPARICIÓN DE NEFERTITI

Entre los años doce y trece del reinado de Akhenatón, fallecen las tres hijas menores de la pareja real, puede que debido a la peste que arrasa Egipto tras haber hecho estragos en los estados vasallos de Oriente Próximo. Al año siguiente, fallecen también su segunda hija, Meketatón, y la madre del faraón, Tey. Este acontecimiento afecta profundamente a la familia real. De las seis hijas de Akhenatón y Nefertiti, solo sobreviven Anjesenamón y Meritatón. Esta última adquiere el título de Gran Esposa Real al lado de su padre, y reemplaza con rapidez a su madre como encarnación de la juventud y de la fecundidad en el culto de Atón.

Durante este periodo, Nefertiti desaparece de la escena pública. Se ignora qué le sucede a partir de este momento, aunque se han formulado varias hipótesis. Algunos piensan que se habría separado de su marido, quizás por razones religiosas; otros, que la enfermedad también se le habría llevado a ella; también es posible que cambiara de nombre y que la tradición —al pasar a ocupar un lugar menos importante— la haya asimilado a una de las otras esposas del faraón.

CONTEXTO

EL REINADO DE AMENOFIS III

Amenofis III accede al trono de Egipto en torno al 1391 a. C., sucediendo a su padre Tutmosis IV (*c.* 1425-1390 a. C.), y hereda un imperio cuyo territorio se extiende desde Nubia a Siria septentrional. Al ser todavía demasiado joven para asumir el papel de faraón, es su madre, Mutemuia, quien asegura la regencia hasta su mayoría de edad. El reino de Amenofis III dura 30 años, en un periodo de esplendor en el que Egipto no conoce la guerra. Los limos del Nilo hacen que las tierras sean fértiles, por lo que las cosechas abundan, y los recursos naturales, principalmente mineros, también son abundantes. Además, el lodo del río proporciona un material barato para la construcción de viviendas tradicionales, mientras que la piedra caliza y el gres se reservan para la edificación de templos, tumbas y otros monumentos duraderos. Además, los tributos de los estados vasallos vienen a acrecentar la riqueza de un Egipto abierto al comercio exterior.

Aprovechando la paz y la abundancia de recursos, Amenofis III y sus ministros constituyen una administración y un ejército profesional, y se consagran a los asuntos internos y al embellecimiento del país. El soberano lanza un amplio programa de obras destinadas a conmemorar a los dioses y a su propia persona divinizada. Se edifican numerosos templos en Heliópolis (templo de Horus, dios protector de los faraones), en Saccara (templo de Apis, dios asociado a Ra, dios del sol), en Hermópolis (templo de Tot, dios de la escritura, la ciencia y la sabiduría), en Elefantina (templo de Khnum, dios que controla las crecidas del Nilo), en Menfis (templo de Ptah, dios de los artesanos y los arquitectos, y de Amenofis), y en Tebas, donde el faraón amplía el complejo de Karnak, morada del dios Amón (dios protector de la dinastía XVIII egipcia) y de su familia. Se realizan también obras en los santuarios de Mut (esposa de Amón) y de Montu (dios solar protector de las armas y de la guerra). Finalmente, al oeste de la ciudad, se construye un lujoso templo funerario, inicialmente para venerar al dios Amón y después, a la muerte del faraón, para rendir culto al difunto rey.

LAS DINASTÍAS EGIPCIAS

La historia del Antiguo Egipto se divide normalmente en varias dinastías. Esta forma de proceder se remonta a Manetón, un sacerdote egipcio contemporáneo del faraón Ptolomeo II Filadelfio (308/309-246 a. C.). Manetón, a partir de los archivos de los templos, relata una historia de Egipto en la que se distinguen 9 periodos y 31 dinastías:

- el periodo Tinita, que comprende las dinastías I y II (c. 3200-2635 a. C.);
- el Imperio Antiguo, con las dinastías III, IV, V, VI, VII y VIII (c. 2635-2220 a. C.);
- el Primer Periodo Intermedio y las dinastías IX y X (c. 2154 -2160 a. C.);
- el Imperio Medio y las dinastías XI, XII y XIII (c. 2134-1650 a. C.);
- el Segundo Periodo Intermedio con las dinastías

XIV, XV, XVI y XVII (c. 1650-1550 a. C.);
- el Imperio Nuevo y las dinastías XVIII, XIX y XX (1550-1070 a. C.);
- el Tercer Periodo Intermedio y las dinastías XXI, XXII, XXIII y XXIV (1070-712 a. C.);
- el Periodo Tardío y las dinastías XXV, XXVI, XXVII, XXVIII, XXIX y XXX (712-332 a. C.);
- la dinastía ptolemaica (332-30 a. C.).

DEL CULTO DE AMÓN AL CULTO DE ATÓN

Durante el Segundo Periodo Intermedio, Egipto había vivido un periodo de agitación social y de dominación extranjera por parte de los hicsos, un grupo pluriétnico procedente de Asia occidental. Tras ese periodo, el guerrero tebano Amosis (fallecido en 1525/1524 a. C.) consigue reunificar Egipto gracias a Amón. Se desarrolla así de forma considerable el culto de Amón durante este periodo.

Amosis se convierte en el fundador de la dinastía XVIII y en el primer faraón del Imperio Nuevo, con el nombre de Amosis I. A él se debe el desarrollo del culto de Amón. Esta divinidad había sido relativamente insignificante hasta entonces y solo era adorada en Tebas y su región. Con los sucesores de Amosis, se convierte en el primer dios de Egipto. Se le representa con los atributos de un hombre vestido con taparrabos y en la cabeza tiene un tocado con dos grandes plumas. Amón es considerado el rey de los dioses y el padre de los sucesivos faraones. Bajo la forma de Amón-Ra, se asocia a Ra, el sol, y a Min, el dios de la fertilidad.

 Dibujo que representa a Amón.

Su santuario de Karnak domina Tebas. La prosperidad de la dinastía XVIII permite a los distintos soberanos embellecer el lugar, hasta el punto de que el complejo se transforma, poco a poco, en una entidad económica semiindependiente y administrada por el clero de Amón. Aprovechando las generosas ofrendas de los faraones y los amplios ingresos de sus numerosas propiedades, el clero obtiene importantes beneficios y se convierte en una potencia de pleno derecho dentro del reino. Aunque las relaciones entre los reyes y los sacerdotes de Amón son relativamente armoniosas, los faraones del final de la dinastía XVIII se sienten cada vez más amenazados por el poder creciente del dios tebano. Amenofis II, Tutmosis IV y Amenofis III intentan mantener el control del culto y nombran a gente cercana y originarios del norte del país —la mayor parte de los bienes del dios están en el sur— para la función de gran sacerdote de Amón. Por otra parte, Amenofis III, aunque sigue siendo fiel a Amón, también acude a otros dioses, principalmente al oscuro Atón. Conocido desde el Imperio Medio como la manifestación física de Ra, se le considera también como un símbolo de divinidad estrechamente asociado al soberano. Así, Amenofis III honra el culto de Atón para divinizar su propia persona y elevarse al estatus de semidiós de los faraones del Imperio Antiguo.

EL REINADO DE AMENHOTEP IV

Al acceder al trono en torno al 1352 a. C., Amenhotep IV continúa la política de grandes obras iniciada por sus predecesores. Así, construye su propio dispositivo funerario en la margen izquierda de Tebas y levanta una ciudad fortificada en el sitio de Sesebi, en la Alta Nubia (actual Sudán). También, dentro del recinto sagrado de Amón-Ra en Karnak, edifica el templo de Benben (una piedra erigida que simboliza la colina primordial surgida del Nun, el océano primordial, y sobre la que el sol apareció por primera vez) cuyo objetivo es enmarcar un obelisco que honre a Ra-Horakhty (una manifestación del dios del sol). Así, durante su primer año de reinado, Amenhotep IV comienza ya el cambio de culto en favor del disco solar, lo que anuncia el final de la supremacía del culto de Amón. Sin embargo, hará falta esperar cinco años para que el faraón decida abiertamente la primacía de la nueva religión.

En materia de política exterior, la paz es solo un recuerdo y el clima es especialmente caótico. En efecto, el final del reinado de Amenofis III está marcado por el ascenso del reino hitita (en la actual Turquía). Los hititas atacan a los príncipes del reino de Mitanni (en el noreste de la actual Siria), que se encuentran bajo protección egipcia. Pese sus repetidas llamadas de socorro, Amenofis III no interviene para prestarles ayuda. A su muerte, Akhenatón sigue la misma estrategia: en Oriente, deja que los estados orientales se enfrenten entre ellos, mientras que en el Levante, mantiene las prerrogativas egipcias. Aunque no combate a los hititas para evitar que se anexionen el reino de Mitanni, el faraón se apoya en un nuevo reino para frenar la expansión hitita: el Amorreo (situado al norte de Siria), gobernado por el rey Aziru (c. 1344-1315 a. C.). El Amorreo se convierte así en un estado colchón que permite a Egipto mantener el control sobre sus territorios en Palestina. Pero esta estrategia no impide a los hititas invadir los territorios al oeste del valle del Éufrates y conspirar con el príncipe de Kadesh (ciudad siria) para conquistar los territorios egipcios en Asia. Cuando Akhenatón se entera, envía una expedición de castigo contra el señor de Kadesh; este ataque se salda con una derrota de los ejércitos egipcios. Los hititas consiguen así invadir las actuales Siria y Palestina. Tras la muerte de Akhenatón, Egipto, amenazada directamente por los hititas, se encuentra en una situación delicada.

MOMENTOS CLAVE

EL CULTO DE ATÓN

Los momentos clave de la vida de Nefertiti coinciden con la reforma religiosa emprendida por su esposo y en la que ella desempeña un papel determinante. Cuando Amenhotep IV accede al trono, continúa manifestando interés por Amón; no obstante, de forma paralela, acentúa la devoción a Atón. Sus primeras acciones en este sentido son reforzar el clero del dios, que su padre había creado. Su adoración por esta nueva divinidad es tan grande que decide, tras los primeros cinco años de su reinado, hacer desaparecer la mayor parte del panteón clásico, y reduce a Atón la multitud de divinidades. Amón sufre así una violenta persecución —sus imágenes son borradas o martilleadas—, cuya intensidad se amplifica al final del reinado de Akhenatón, en especial en Karnak. Así, el dios protector de la dinastía XVIII desaparece de las representaciones para dar paso a Atón.

Este dios adopta el aspecto de un disco solar alado y está ornado con un uraeus, una cobra femenina que protege al faraón y el ojo de Ra. El extremo de sus largos rayos termina en minúsculas manos que le permiten sostener el ankh, el jeroglífico egipcio que simboliza la vida. Siempre se representa a Atón por encima de la familia real en posición de observador, y no de participante, con el fin de permitir que el rey se convierta en elemento central de las escenas religiosas. Akhenatón sigue así el ejemplo de su padre: se sirve del dios para recalcar su propia naturaleza divina, presentándose como la manifestación humana y terrestre del dios solar. De esta forma, ocupa una posición intermedia entre Atón y su pueblo: solo él puede descubrir y transmitir la voluntad del dios. En adelante, únicamente los soberanos pueden realizar el culto, y los sacerdotes desempeñan solo un papel de administradores en la gestión material del dominio de Atón. Es decir, los sacerdotes ya no se postran delante de los dioses, sino delante de la pareja real.

Atón es un dios creador que reúne en él los elementos masculinos y femeninos, y que es al mismo tiempo asexuado y bisexuado. No tiene representación antropomórfica y, como creador único, no puede tener ni esposa ni hijos. Debido a esta particularidad, no puede simbolizar la institución familiar, al contrario que los otros dioses tradicionales. Para integrar el aspecto femenino que le falta a Atón, Akhenatón coloca a su mujer justo delante de él, en el primer plano de las escenas religiosas, de forma que equilibre el aspecto masculino representado por el propio faraón. Así, la tríada tradicional formada por el creador Atum, su hijo Shu (el aire) y su esposa Tefnut (el agua), es reemplazada por la semidivina compuesta por Atón, Akhenatón y Nefertiti. La Gran Esposa Real tiene pues una importancia considerable en la nueva religión.

LA NUEVA CIUDAD DE AKHETATÓN

En 1359 a. C., este cambio religioso tiene por consecuencia la construcción de una nueva capital dedicada al culto del dios único Atón: Akhetatón. La ciudad se extiende sobre un espacio virgen de cerca de nueve kilómetros, frente a Hermópolis Magna, entre Tebas y Menfis. En ella se concentran las instituciones del poder real, la corte, la administración y los templos dedicados a Atón, construidos a cielo abierto para que puedan recibir los beneficiosos rayos del dios. La ciudad se levanta en poco tiempo, con ladrillos de adobe y talatates, unos bloques de tierra cocida de 52 cm por 26 cm y decorados principalmente con escenas de la vida de los soberanos. Cuatro años después de su fundación, la ciudad cuenta ya con una población estimada de como mínimo 20 000 personas. El territorio está delimitado por estelas. En una de ellas, el rey proclama que el propio Atón ha elegido este emplazamiento por estar virgen de la presencia de otras divinidades.

Asimismo, las excavaciones arqueológicas han revelado la existencia de cuatro palacios, escalonados de norte a sur a lo largo de las riberas del Nilo. El palacio situado más al norte parece ser la residencia real; está rodeado de una muralla, fortificado y aislado de la ciudad propiamente dicha. Más hacia el sur, se encontró un segundo palacio, posiblemente construido por la segunda esposa de Akhenatón, Kiya, también llamada la Gran Esposa Amada del rey. En el centro de la ciudad, se levantaba el gran palacio, o palacio oficial, provisto de numerosas dependencias administrativas, de patios ceremoniales y del pabellón real que alojaba una sala de audiencias. La entrada al gran palacio se hacía por el norte o por el oeste, por dos ejes de circulación que se cruzaban y comunicaban los distintos barrios. El pórtico norte daba sobre un amplio atrio que precedía al gran templo de Atón, mientras que el acceso oeste desembocaba probablemente en el Nilo y en un puerto real.

El palacio oficial estaba dividido en dos zonas por una gran avenida que unía el gran palacio a los dos palacios septentrionales, y que probablemente era la vía procesional de Akhenatón. La zona oeste, que bordeaba el Nilo, tenía un carácter más administrativo y ceremonial; poseía una gigantesca sala del trono y un gran patio provisto de un kiosco monumental bordeado de estatuas colosales del soberano. La zona este, más íntima, contenía los apartamentos reales, sus jardines y sus dependencias. La avenida estaba atravesada por un puente cubierto que unía ambas zonas del gran palacio y en la que había una ventana de las apariciones, desde la que le rey entregaba oro a sus fieles súbditos. A ambos lados del palacio oficial se levantaban el gran templo, morada de Atón, y el pequeño templo, consagrado también al dios sol.

En la periferia sur de la ciudad, se encontraba el Maru-Atón, un lugar de recreo y de recogimiento.

LA VENERACIÓN A LA FAMILIA REAL

A partir de ahora, las representaciones de los dioses tradicionales en el arte religioso de los templos son sustituidas por retratos de Akhenatón y de Nefertiti haciendo ofrendas a Atón. También, en las tumbas de los altos dignatarios de Akhetatón, la decoración convencional de los difuntos es remplazada por representaciones de la familia reinante adorando a Atón, de visita en el templo o en sus tareas de la vida cotidiana. Esto se debe a que, al no tener contacto directo con Atón, los propietarios de las tumbas tienen que rezar con la intermediación de los soberanos. En la tumba de Panehesy, un dignatario religioso, situada al norte de la ciudad, se pueden leer oraciones dedicadas al rey y a la reina:

<blockquote>

«A Akhenatón: que te conceda el recibimiento de panes, ofrecidos en cada fiesta de Atón, quien reside en la Morada de Benben.

A Nefertiti: que te conceda el acceso a favores y la trascendencia del amor, y unas palabras afortunadas en presencia del rey, y que tu nombre sea bienvenido en boca de los compañeros»[1] (Tyldesley 1999, 96).

</blockquote>

También, en las residencias de los cortesanos principales encontramos estelas sobre altares domésticos, decoradas con escenas que representan a la casa real en su intimidad. Por ejemplo, se representa a los soberanos y a sus hijas mientras se relajan en el pabellón real, bajo la protección de los rayos de Atón. En todas las imágenes, Akhenatón y Nefertiti se demuestran un afecto evidente. Los grabados se acompañan con inscripciones que subrayan la lealtad del súbdito hacia el rey.

---

1. Cita traducida por 50Minutos.es

Un altar doméstico en el que se representa a Akhenatón y a Nefertiti con tres de sus hijas.

De igual forma, las pinturas rupestres de la tumba de Meyrê II, superintendente del harén real e intendente de Nefertiti, nos muestran a la familia real al completo participando en las grandes festividades que tienen lugar en el año doce del reinado de Akhenatón. El rey se encuentra frente a una asamblea de embajadores y de vasallos venido de Nubia, Libia, las islas mediterráneas y los estados de Oriente Próximo. La fiesta alcanza su apogeo durante la entrega de ricos tributos al faraón, una ceremonia que tiene por objetivo celebrar su estatus de líder de un amplio imperio.

EL PODER DE NEFERTITI

Al formar parte de la tríada junto con Akhenatón, que es un semidiós, y Atón, es posible que Nefertiti adquiriera también una parte de divinidad.

Los 45 000 talatates que se han recuperado de las columnas de Karnak, construidas por el faraón Horemheb (fallecido en 1292 a. C.), han desvelado nuevas informaciones sobre Nefertiti. El estudio de estos talatates ha permitido reconstruir las puertas monumentales en las que se representa a la reina, en solitario, rindiendo homenaje a Atón. El dios está representado por un disco del que salen rayos terminados en manos; una de ellas sujeta un ankh que ofrece a Nefertiti. Esta, por su parte, sostiene dos sistros (instrumentos musicales para los ritos religiosos) sobre una mesa de ofrendas. Esto podría significar, pues, que Nefertiti ostenta el mismo poder que su esposo, y que ejerce también de intermediaria entre su pueblo y el dios único.

Las representaciones de la reina en los talatates recuperados suponen el doble que las del faraón. En un pequeño bloque proveniente de Hermópolis y conservado en el Museo de Bellas Artes de Boston, aparece representada sobre una embarcación de Estado (embarcación utilizada en los ritos reales) y lleva una corona. Con la ayuda de una maza, agarra por el cabello a un adversario y le golpea antes de abatirlo. Sin embargo, este tipo de escena está, por lo general, estrictamente reservada al rey, ya que una mujer no tiene sitio en la guerra. Por tanto, es posible que Nefertiti pueda ser considerada una faraona, aunque no hay nada seguro. Lo más probable es que la reina represente aquí al rey masculino y femenino, sometiendo a las fuerzas caóticas y oscuras de Egipto, que en esta escena adoptan el rostro de un enemigo antropomorfo. Se ha encontrado otra representación del mismo tipo sobre un talatate de Karnak, en la que Nefertiti golpea con su maza a prisioneros arrodillados delante de ella. Aquí también, se trata más de un símbolo del combate de la luz contra la oscuridad, que de una representación de Nefertiti como faraona guerrera.

Sea como sea, a la luz de estas representaciones se puede considerar a Nefertiti, si no como una reina-faraón, al menos como la encarnación del poder del faraón, a quien representa durante los ritos religiosos.

REPERCUSIONES

EL FINAL DE AKHENATÓN Y DEL CULTO DE ATÓN

Cuando Nefertiti desaparece, Akhenatón se encuentra ya al final de su vida. En el plano militar, no lleva a cabo ninguna acción para reestablecer la autoridad egipcia sobre los estados vasallos que están en dificultad frente al poder hitita. Mientras el faraón se apaga, en torno al 1337 a. C., las antiguas posesiones egipcias en Asia se encuentran en manos de los hititas, que amenazan con invadir el reino de las Dos Tierras.

Akhenatón es sucedido por su yerno Semenejkara, quien reina apenas un año, y por su hija Meritatón, cuyo reinado solo dura tres años. Tutankamón (c. 1345-1327 a. C.), hijo de Akhenatón y de una concubina, accede al trono de Egipto en 1333/1332 a. C. Como es demasiado joven para gobernar, el poder es ejercido por Ay, padre de Nefertiti, y Horemheb, general de los ejércitos durante el reinado de Akhenatón. Aunque la corte real reside todavía en Akhetatón, tras la muerte de Akhenatón la administración real vuelve a Tebas, la antigua capital del país. Para asentar el poder del joven rey, sus consejeros le empujan a casarse con Anjesenamón, una de las hijas de Akhenatón. El faraón y su esposa también vuelven a Tebas, quedando Akhenatón abandonada para siempre.

De regreso en el antiguo palacio de Tebas, el joven faraón restablece el culto de Amón y adopta el nombre de

Tutankamón. Sin embargo, tiene una salud frágil y muere tras diez años de reinado como consecuencia de una crisis aguda de paludismo. Le suceden Ay y Horemheb, quienes, sobre todo este último, hacen todo lo posible por borrar de la memoria las huellas del culto de Atón, caído desde entonces en desuso, así como las de Akhenatón y de Nefertiti, considerados herejes.

NEFERTITI, UNA REINA DE LEYENDA

Horemheb y los soberanos de las dinastías XIX y XX destruyen las obras esculpidas y pintadas de la época de Akhenatón, con lo que la reina Nefertiti desaparece de la memoria de los egipcios. Habrá que esperar hasta comienzos del siglo XX, a las excavaciones arqueológicas del sitio de Amarna, la antigua Akhetatón, para redescubrir las huellas de su existencia. En 1912, un equipo de arqueólogos pertenecientes a la sociedad oriental alemana, y dirigido por Ludwig Borchardt, descubre el busto de Nefertiti, revelando al mundo entero el nombre y el aspecto físico de la reina. Sin embargo, a día de hoy, su momia, ausente del sepulcro de Akhenatón, no se ha encontrado todavía. La reina egipcia de la dinastía XVIII todavía no ha revelado todos sus secretos.

Aunque siga siendo un misterio para los historiadores y los arqueólogos, constituye una gran fuente de inspiración para numerosos escritores, que imaginan su vida en novelas más o menos realistas. Así, el escritor y apasionado por la arqueología Guy Rachet (nacido en 1930), y la egiptóloga y escritora francesa Violaine Vanoyeke (nacida en 1956), en *Nefertiti. Reina del Nilo* (2003) y *Néfertiti et Akhénaton*

(2003) respectivamente, nos ofrecen cada uno de ellos una historia novelada, no por ello sin base en hechos históricos verídicos, de la vida de Akhenatón y de Nefertiti. En la misma línea, podemos citar también las obras anglosajonas de Nick Drake (nacido en 1961), *El reino de las sombras* (2006), las de Brenda Lange (nacida en 1965), *Nefertiti* (2009), y también de Mary Chubb, *Nefertiti Lived Here* (1998). El periodista y novelista francés Gérald Messadié (nacido en 1931) retrata toda una época a través de su serie *Orage sur le Nil* (2004), que toma como marco las últimas horas de la dinastía XVIII.

EN RESUMEN

- Nefertiti nace en torno al 1370 a. C. en Tebas, Egipto. Su padre, Ay, es el hermano de Tey, la Gran Esposa Real del faraón Amenofis III.

- Unos años antes del acceso al trono de Amenhotep IV, en torno al 1352 a. C., Nefertiti se casa con el futuro faraón y se convierte posteriormente en la Gran Esposa Real. La pareja tiene seis hijas, pero ningún hijo.

- A partir del quinto año del reinado de Amenofis III, Amón, el dios protector de la dinastía XVIII, es destituido de su lugar como primera divinidad de Egipto en beneficio de Atón, un dios solar único. El faraón adopta así el nombre de Akhenatón y la capital, Tebas, es abandonada por Akhetatón, una nueva ciudad enteramente dedicada al dios.

- Durante más de diez años, Nefertiti y Akhenatón emprenden una profunda reforma religiosa. En calidad de intercesores de los sacerdotes de los egipcios ante Atón, se les venera en todo el reino. Akhenatón adquiere un estatus de semidiós y parece que a Nefertiti le sucede lo mismo.

- La pareja aparece en un gran número de representaciones en templos y tumbas. Anteriormente era costumbre estilizar las imágenes, pero en este caso parece que no es así. La forma de ciertas partes del cuerpo se acentúa para resaltar el poder del dios Atón.

- Entre el año doce y trece del reinado de Akhenatón, las tres hijas menores de la pareja real mueren repentinamente, posiblemente a causa de la epidemia de peste que asola Egipto tras haber hecho estragos en Oriente Próximo. Otros miembros de la familia real también fallecen, entre ellos Tey, la madre del faraón.

- Al mismo tiempo, la hija mayor de Akhenatón, Meritatón, es nombrada Gran Esposa Real. Remplaza así, poco a poco, a su madre como encarnación de la juventud y de la fecundidad en el culto de Atón.

- Es en ese momento cuando Nefertiti desaparece de la escena pública. Se barajan varias hipótesis: también habría muerto, se habría retirado en beneficio de su hija mayor o por razones religiosas, o habría sido asimilada a otra esposa del faraón y habría cambiado de nombre.

PARA IR MÁS ALLÁ

FUENTES BIBLIOGRÁFICAS

- Bovot, Jean-Luc y Christiane Ziegler. 2001. *Art et Archéologie: L'Égypte ancienne*. París: La documentation française, colección *Manuels de l'École du Louvre*.
- Fèvre, Francis. 1998. *Akhenaton et Néfertiti. L'amour et la lumière*. París: Hazan.
- Fletcher, Joann. 2005. *El enigma de Nefertiti*. Traducido por Joan Rabasseda Gascón. Barcelona: Editorial Crítica.
- Jacq, Christian. 1997. *Nefertiti y Akhenatón*. Traducido por Fabián García-Prieto Buendía. Madrid: Ediciones Martínez Roca.
- Laboury, Dimitri. 2012. *Akhenatón: el primer faraón monoteísta de la historia*. Traducido por José Miguel Parra Ortiz. Madrid: La Esfera de los Libros, S.L.
- Histoire pour tous, "Toutankhamon: vie, mort et résurrection d'un pharaon". Consultado el 27 de enero de 2017. http://www.histoire-pour-tous.fr/dossiers/85-antiquite/1672
- Tyldesley, Joyce. 1999. *Nefertiti. Egypt's Sun Queen*. Londres: Penguin.
- Tyldesley, Joyce. "Néfertiti ou Nofretiti, reine d'Égypte". *Encyclopaedia Universalis*. Consultado el 27 de enero de 2017. http://www.universalis.fr/encyclopedie/nefertiti-nofretiti/

FUENTES ICONOGRÁFICAS

- Busto de Nefertiti en el Neues Museum de Berín. La

imagen reproducida está libre de derechos.
- Estatua en piedra caliza que representa a Nefertiti y a Amenhotep. La imagen reproducida está libre de derechos.
- Akhenatón y su familia realizan una ofrenda a Atón. La imagen reproducida está libre de derechos.
- Dibujo que representa a Amón. La imagen reproducida está libre de derechos.
- Un altar doméstico en el que se representa a Akhenatón y a Nefertiti con tres de sus hijas. La imagen reproducida está libre de derechos.

ADAPTACIONES LITERARIAS

- Chubb, Mary. 1954. *Nefertiti Lived Here*. 1.ª ed. Londres: Geoffrey Bles.
- Rachet, Guy. 2003. *Nefertiti. Reina del Nilo*. Buenos Aires: El Ateneo.
- Drake, Nick. 2011. *El reino de las sombras*. Barcelona: Penguin Random House Grupo Editorial España.
- Vanoyeke, Violaine. 2003. *Néfertiti et Akhénaton*.
- Messadié, Gérald. 2004. *Orage sur le Nil*. 3 tomos.
- Lange, Brenda. 2009. *Nefertiti*. Nueva York: Chelsea House.

en50MINUTOS.es

¡APRENDER NUNCA ANTES FUE TAN RÁPIDO!

www.en50minutos.es

ISBN ebook: 9782806278654

ISBN papel: 9782806293121

Depósito legal: D/2017/12603/20

Cubierta: © Primento

Libro realizado por Primento, el socio digital de los editores